AF232275

BANQUE FRANÇAISE

D'ASSOCIATION GÉNÉRALE

BANQUE GÉNÉRALE

FRANÇAISE

OU

PROJET D'ASSOCIATION

MOYEN DE DÉTRUIRE

L'INTERNATIONALE

ET DE FERMER L'ÈRE DES RÉVOLUTIONS EN FRANCE

L'union fait la force.

BORDEAUX,

IMPRIMERIE DE F. DEGRÉTEAU

(MAISON MÉTREAU),

RUE DU PARLEMENT-SAINTE-CATHERINE, 19.

1874.

A SON EXCELLENCE

LE MARÉCHAL DE MAC-MAHON,

Président de la République.

Monsieur le Président,

J'ai l'honneur de soumettre à votre Excellence un projet dont la réalisation exercerait, je crois, la plus heureuse influence sur les populations, sous le rapport matériel et moral.

Il s'agirait d'une association générale dont le produit, élevé dès la première année à des centaines de millions, arriverait, par une progression rapide, au bout de dix ans, à des milliards, et permettrait de fonder, à l'aide de revenus considérables, des établissements de bienfaisance dans chaque département.

Que faudrait-il pour arriver à ce résultat si désirable? Qu'une loi obligeât tous les habitants du sol français, hommes, femmes et enfants, à payer par an, une cotisation de *douze francs*, soit *un franc* par mois.

J'admets que la population en France soit de 38 millions : dès la première année, l'association aurait à sa disposition 456 millions. Cette somme, se renouvelant tous les ans et s'augmentant des intérêts, deviendrait bientôt un capital immense dont les revenus, administrés et répandus avec sagesse, produiraient des bienfaits incalculables.

Moraliser, instruire, soulager les classes ouvrières et malheureuses, leur préparer un avenir certain, calmer leurs ardentes inquiétudes par la réalisation de projets philanthropiques, tel est le but de cette association.

Les besoins de la vie matérielle, il faut le reconnaître, augmentent chaque jour dans une proportion qui n'est pas en rapport avec les revenus du travail; de là cette grande gêne qui étreint les classes ouvrières et qui, leur faisant envisager l'avenir sous un sombre aspect, les tient dans un état constant de mécontentement et d'agitation, que savent exploiter habilement les révolutionnaires.

Détruire la cause de cette agitation serait rendre un immense service au principe de l'ordre et à l'humanité, et mettre un frein et un terme à ces révolutions qui trop souvent ont bouleversé et ensanglanté notre pays.

J'ai l'espoir, Monsieur le Président, que mon projet réalisé atteindrait ce but.

Prenez-le donc sur votre haute protection, prêtez-lui votre puissant appui, placez-le sous le patronage et l'autorité de votre grand nom, et il réussira.

Daignez agréer, Monsieur le Président, l'assurance de mon très-profond respect.

Votre très-humble serviteur.

R.

PROJET

D'ASSOCIATION GÉNÉRALE

EN FRANCE.

L'union fait la force.

Depuis le jour où les hommes ont senti le besoin, pour se protéger contre les agressions et les dangers extérieurs, et pour s'aider mutuellement par le concours de leur travail et de leur intelligence, de se réunir en société et de former des nations, agglomérations d'individus unis par conformité de langage, de sentiments et d'intérêt, bien des causes de troubles et de désordre ont ébranlé et bouleversé ces associations. On comprend, en effet, que dans des familles si nombreuses il se trouve de nombreux éléments de perversité, d'ambition et de discorde.

La base de toute société est nécessairement le travail, l'ordre, la discipline et l'obéissance aux lois divines et humaines. Mais que de sociétaires, parasites dangereux, veulent vivre aux dépens de l'association sans y apporter le tribut de leur travail, sans imposer aucun frein à leurs passions désorganisatrices et sans se plier aux obligations que le bien général impose à chaque associé. Ils n'aspirent, ces hommes de désordre, qu'à fouler aux pieds et à briser par la force brutale les digues et les lois que leur opposent la morale et le pouvoir.

De là ces révolutions qui ont ensanglanté l'histoire de tous les peuples. Chaque nation a eu ses Catilinas, monstres souillés de toutes les turpitudes et de tous les crimes, altérés par la soif insatiable de l'or, travaillés par l'ambition, avides d'honneurs, osant aspirer au pouvoir suprême, et faisant appel, pour atteindre au but de leur convoitise, à toutes les passions mauvaises, les ameutant et les déchaînant contre le parti de l'ordre et de la légalité. Cette vérité a été écrite dans notre histoire en caractères sanglants pendant l'ère néfaste de 93, dans les journées de Juin 1848, et durant le règne funeste de la commune de Paris en 1871. Pendant ces jours de triste mémoire, la société a été attaquée par le génie du mal avec une audace et une violence inouïes; et le nombre de ses ennemis paraissait si grand, qu'on était en droit de se demander si la nation ne touchait pas à un cataclysme imminent.

Dans toute révolution, on le sait, il y a des meneurs et des menés; des chefs qui commandent et des adhérents qui obéissent, souvent en aveugles et sans voir clairement le but funeste vers lequel on les entraîne. A ces égarés, on fait sonner

bien haut les mots vibrants et élastiques de tra-
hison, d'esclavage, de liberté. On fait miroiter à
leurs esprits éblouis, l'espérance d'un avenir
meilleur et brillant ; on surexcite leurs passions
haineuses ; pour les maîtriser et les dominer plus
facilement, on arrache un à un de leur cœur tous
les sentiments d'honnêteté qui s'y trouvent ; on
les aveugle par des paradoxes et par des utopies ;
et, après les avoir bercés de chimères, les avoir
entraînés sur la voie funeste de la paresse, de la
débauche et de la misère, on les déchaîne, comme des bêtes féroces, contre l'ordre social, et on
en fait fatalement des révolutionnaires et des
patricides.

Les révolutions, et nous ne parlons ici que des
mouvements populaires soulevés par des motifs
criminels, par des ambitions coupables, en un
mot par la révolte contre les lois sages du pays,
sont dues à l'initiative de quelques hommes misérables et audacieux, qui, ruinés par le jeu et la
débauche, ivres d'ambition, mettent au service
de leurs vils instincts, le talent et l'intelligence
que la nature leur a départis, et cherchent à
obtenir, sans peine, les honneurs et les richesses.
Il leur faut de l'or à tout prix pour satisfaire
leurs passions insatiables, et comme ils sont
incapables d'en amasser par un travail honnête,
ils tendent à bouleverser l'ordre social, à renver-
ser et à détruire la justice et la morale qui domi-
nent, à tirer de la boue et à élever le vice, à

décréter la légalité du vol, et à trôner sur ce pinacle de monstruosités et de ruines.

Aujourd'hui tout favorise les projets de ces misérables : la presse reproduit à la minute par millions d'exemplaires leurs funestes doctrines, et la vapeur et l'électricité les transportent et les propagent sur leurs ailes de feu dans l'univers entier, avec la rapidité de l'éclair.

Toutefois l'action de ces citoyens dangereux serait stérile, s'ils ne trouvaient pas autour d'eux un terrain tout prêt pour recevoir la funeste semence de leurs idées empoisonnées.

Ce terrain, ce sont le classes pauvres et ouvrières qui sont obligées de gagner, à la sueur de leur front, leur pain quotidien et celui de leurs femmes et de leurs enfants. En voyant l'homme opulent se donner tous les plaisirs et toutes les jouissances que procure la fortune, ils sentent tout naturellement l'envie et la haine leur monter au cœur. Ils se demandent pourquoi le sort ne les a pas créés, eux aussi, au milieu de ces délices ; leurs regards, qui ne sont pas assez éclairés par la lumière de la raison, leurs pensées qui ne sont pas épurées, fortifiées par la religion, ne peuvent se détacher de la terre, ne voient que les misères de la vie présente et ne découvrent pas les splendeurs et les jouissances infinies de la vie future. Ce mot consolateur du divin Maître : « Heureux les pauvres, heureux ceux qui souffrent, » est vide de sens pour eux. Ils n'en comprennent pas ou n'en veulent pas comprendre la sublime portée; ils ne savent pas spiritualiser, diviniser leurs labeurs et leurs souffrances, et s'en faire, par la résignation, un trésor immense pour l'autre vie. Ils ne considèrent qu'une chose : c'est qu'ils gagnent péniblement par jour un salaire qui suffit à peine à l'entretien de leur famille, et qui ne leur procurera jamais la fortune. Leur vie matérialisée est sans espérance et sans avenir. Ils se disent : Nous ne jouirons jamais des douceurs de l'opulence; nous avons et nous n'aurons jamais en partage que les labeurs, la pauvreté et la misère. Si nous tombons malades, qui nous secourra? qui nourrira nos femmes et nos enfants? et, après notre mort, qui les protégera contre la misère et ses déplorables conséquences? Ces idées sont torturantes pour le cœur d'un père et d'un époux; c'est un enfer anticipé; et elles nous expliquent la haine injuste du pauvre contre le riche. De tels hommes, on le comprend, sont tout disposés à écouter les doctrines et à suivre les conseils des révolutionnaires.

Mais qu'à ces hommes, trompés par de fausses idées, exaltés par un travail incessant, privés de tout espoir d'avenir heureux, on puisse dire un jour : « Travaillez, soyez d'honnêtes citoyens, et » la patrie, enrichie par vos sages économies, fruit » de votre travail, et par l'offrande du riche, vous » procurera à vous et à votre famille tous les secours » dont vous aurez besoin; et ces secours vous les

» puiserez, à titre de propriétaires, à une source
» inépuisable , trésor immense, qui sera l'œuvre
» de tous. N'ayez plus d'inquiétudes pour l'avenir.
» La faim ni la misère ne viendront plus s'asseoir
» sur le seuil de votre porte. Vous y verrez briller
» à leur place la modeste aisance, la douce paix et
» la divine espérance. » Et de ce jour, je vous
l'atteste, le grand problème de l'extinction du
paupérisme et de toutes les plaies qui en découlent serait résolu, et l'ère des révolutions serait
fermée en France.

C'est pour arriver à la solution de ce grand
problème que nous avons imaginé le projet d'association suivant :

Nous partons de ce principe vrai et incontes-
table : « L'union fait la force. » Et nous le poussons
jusque dans ses dernières conséquences.

L'expérience nous apprend qu'une association
de secours mutuels, composée seulement de 150
membres, payant chacun une cotisation mensuelle
de 1 fr. 50, arrive à ce résultat de pouvoir donner à tout associé malade les secours de la médecine, de la pharmacie, et une indemnité de 1 à
2 francs par jour. Je me suis demandé alors quel
immense résultat, au point de vue de la bienfaisance, produirait une association composée de 38 millions d'individus tous payants et dont la moitié
au moins seraient membres honoraires. Calculons
les revenus d'une pareille association, en fixant
à *douze francs* par an le chiffre de la cotisation.

La première année, le capital serait de 456 millions ; la deuxième, de 935 millions ; la troisième, il s'élèvrait à 1 milliard 473 millions ; la cinquième, il dépasserait 2 milliards et demi ; il atteindrait 16 milliards dans la vingtième année ; il serait de 34 milliards dans la trentième ; au bout de quarante ans, il formerait un capital de 61 milliards ; enfin la cinquantième année, il parviendrait au chiffre miraculeux de 106 milliards 613 millions.

Et, dans ce calcul, je ne fais pas entrer en ligne de compte les dons nombreux que les Roldschilld et toutes les personnes riches et charitables feraient à une œuvre si éminemment utile.

Je n'établis ici ces chiffres que pour faire ressortir le pouvoir immense de l'association, et exposer d'une manière irréfutable la richesse inépuisable qui en découle.

Il est évident qu'on n'attendrait pas 50 ans pour faire fonctionner cette institution, et que, dès la première année, on lui ferait produire tous les bienfaits dont elle serait susceptible.

Ces réflexions m'amènent tout naturellement à l'exposé de mon système.

BANQUE FRANÇAISE

D'ASSOCIATION GÉNÉRALE

ARTICLE 1er.— Il est créé une association sous le nom de banque française d'association générale. Tous les habitants du sol français, hommes femmes et enfants en sont membres obligatoires. A cet effet, tout sociétaire versera 1 franc par mois, soit 12 fr par an, dans la caisse de l'association. Cette contribution sera recouvrée chaque année, en vertu d'une loi, comme les impôts ordinaires par MM. les percepteurs. Les communes seront obligées de payer cet impôt pour leurs pauvres respectifs.

ART. 2.— On distinguera deux classes de sociétaires : les membres honoraires ou sociétaires riches dont la cotisation sera considérée comme don de bienfaisance, et qui ne participeront pas aux bénéfices de l'association; et les membres prenants, qui en jouiront.

ART. 3. — Dans chaque commune sera installée une commission composée de cinq membres auxquels se joindront les ministres des différents cultes. Le maire de la commune fera partie de droit de cette commission et la présidera. Dans les villes de plus de 10,000 âmes on créera une commission par dix mille habitants.

Ces commissions auront pour but d'assurer le fonctionnement de l'œuvre et de délivrer aux membres prenants les secours dont ils auront besoin.

Art. 4. — Tout sociétaire malade aura droit au secours de la médecine, de la pharmacie et à une indemnité qui ne pourra être inférieure à 2 fr. par jour. Il sera libre de choisir son médecin et son pharmacien parmi les médecins et les pharmaciens, résidant dans la commune qu'il habite lui-même, ou résidant dans le même arrondissement, si le sociétaire habite une grande ville. Il pourra être dérogé à cette règle pour des cas graves.

Les médecins et les pharmaciens seront payés sur mémoire par la caisse commune.

Art. 5. — Les frais funéraires seront à la charge de l'association, quand les parents du décédé en feront la demande.

Art. 6. — Toute femme veuve recevra, sur sa demande motivée, une rente annuelle en rapport avec ses besoins et ses charges.

Art. 7. — Dès la seconde année de sa fondation l'association commencera à établir dans chaque département :

Un asile destiné à retirer les vieillards pauvres de l'un et de l'autre sexe, âgés de soixante ans au moins et incapables de travailler.

Un établissement où seront élevés les orphelins et les enfants abandonnés ;

Un asile pour les aliénés ;

Un établissement destiné aux aveugles ;

Un établissement où seront élevés les sourds-muets ;

Un refuge pour les filles repenties;

Des hospices en assez grand nombre pour soigner les malades pauvres ;

Des fourneaux économiques dans les grands centres;

Une ferme-modèle agricole à laquelle sera annexé un établissement où seront enseignés tous les métiers ; là seront admis à l'âge de 13 ou 14 ans les enfants des membres prenants, qui y recevront, pendant 2 ou 3 ans, les notions théoriques et pratiques concernant l'agriculture et l'état qu'ils voudront embrasser;

Un établissement de même nature, où seront admises, à l'âge de 12 ou 13 ans, les jeunes filles qui veulent embrasser un métier;

Un atelier de travail dont le but sera de fournir de l'ouvrage aux ouvriers qui en manqueront, où à ceux qui, de passage dans la localité, n'auront pu s'en procurer.

Lorsque l'association aura des revenus suffisants, fait qui se produira certainement dès la sixième année de sa fondation, elle organisera dans chaque département des loteries. Les lots seront des titres de 500 fr., de rentes. Les familles pauvres prendront part les premières à ces tirages. A cet effet, un billet sera remis gratuitement aux sociétaires.

Les gagnants ne participeront pas aux loteries suivantes.

L'association assurera à tout sociétaire, père de sept enfants vivants, une rente annuelle de 500 francs.

Elle distribuera des prix de vertus.

Par exemple, elle dotera et mariera des jeunes filles pauvres et signalées par leur excellente conduite.

Elle récompensera l'honnêteté et le travail, quand ils se produiront dans des conditions exceptionnelles.

Elle fournira aux jeunes soldats qui en seront dignes par leur conduite et qui sont indispensables à leurs familles, la somme exigée par l'État pour le volontariat d'un an.

Enfin, pour encourager les dons volontaires, faits en faveur de l'œuvre, des récompenses honorifiques seraient créées par l'État. Toute personne qui aurait donné à l'association une somme de 10 mille francs, soit en un seul versement, soit en plusieurs fois, serait nommée de droit chevalier de l'Ordre de Bienfaisance. De plus forts dons ou de grands services rendus à l'œuvre, seraient récompensés par les titres d'officiers, de commandeur de l'ordre.

On récompense par des distinctions honorifiques

les actes de courage et les hommes d'élite, qui se font remarquer dans les lettres, dans les sciences, dans la magistrature et dans l'armée; pourquoi ne signalerait-on pas au respect et à l'admiration de tous les personnes généreuses qui consacrent leur temps et leur fortune au soulagement et à la moralisation de l'humanité?

Nous ne nous dissimulons pas que la réalisation de cettre œuvre éminemment sociale et utile rencontrera des oppositions, des difficultés et des entraves. C'est le sort des grandes choses, d'être enrayées dans leur marche. Que de détracteurs n'ont pas soulevés le projet de la découverte du Nouveau-Monde, le système planétaire de Galilée, l'application de la force de la vapeur et la vaccine? Nous nous attendons à de nombreuses objections. Nous allons refuter, à l'avance, celles que nous pouvons prévoir.

On traitera notre projet d'utopie. On en présentera la réalisation comme impossible. A cette objection, la réponse est facile. Les associations de secours mutuels sont-elles des utopies? Ne fonctionnent-elles pas bien? Vous êtes bien obligés de reconnaître que ces sociétés rendent de grands services, et remplissent le but pour lequel elles ont été fondées. A plus forte raison, l'association générale protégée, soutenue et dirigée par l'État, devra-t-elle marcher avec ordre et régularité et produire les résultats les plus satisfaisants.

De quel droit, nous dira-t-on, me chargez-vous

d'un impôt nouveau, et m'obligez-vous à donner 12 fr., par an, pour venir en aide à des personnes qui me sont étrangères ? Vous faites violence à ma liberté d'action. Je ne veux pas participer à votre association, par la raison que je puis me suffire à moi-même, que je n'ai pas besoin de secours et que je veux être libre de faire mes aumônes moi-même.

Au riche qui me tiendrait un pareil langage, je répondrai : Vous oubliez que, d'après les desseins de la Providence, vous n'êtes que le dépositaire et le dispensateur des biens que vous possédez. Cet or ne vous a pas été donné pour que vous puissiez satisfaire vos vains caprices, vos désirs et vos passions, mais pour que vous veniez en aide au pauvre, qui [est votre frère. Si vous êtes charitable, 12 francs n'augmenteront pas de beaucoup le chiffre de vos bonnes œuvres ; si vous ne l'êtes pas, devez-vous regretter cette minime somme pour vous affranchir des nombreux quêteurs qui, chaque jour, viennent heurter à votre porte, au nom de la charité, et à qui, par condescendance et par pudeur, vous êtes obligés de donner. Est-ce trop de 12 fr., pour n'avoir plus sous les yeux chaque jour le spectacle hideux de la pauvreté et de la misère vous tendant la main et traînant leurs haillons dans les rues ?

Enfin, ces 12 fr. ne seront-ils pas largement payés par la presque certitude que les révolutions ne viendront plus vous troubler dans la jouissance de votre fortune et compromettre votre position sociale ? Permettez-moi cette dernière reflexion : Vous êtes riches aujourd'hui, demain le serez-vous encore ? La fortune, vous le savez, est changeante et infidèle; ses coups sont rapides et foudroyants. Demain, peut-être, seriez-vous heureux de pouvoir venir puiser à cette caisse commune qu'aujourd'hui vous alimentez de votre superflu.

A l'ouvrier qui me tiendrait un pareil langage, je répondrai : Cet impôt de 12 fr., qu'on vous réclame, au nom de la loi, est aussi légitime et aussi juste que celui que vous payez pour concourir aux grandes charges de l'État. L'un pourvoit à l'entretien des armées qui défendent le pays et vos personnes, et sert à payer les magistrats qui vous rendent la justice; l'autre vous défendra et vous protégera vous et vos familles contre les désastres de la maladie et contre la misère. Qui de vous ne dépense pas inutilement 1 franc par mois ? Ce franc, confié à l'État, fructifiera, produira des millions et vous rendra heureux. La loi veut vous forcer à assurer votre avenir et celui de vos enfants. A-t-elle tort ? Selon moi, il n'est contre mon projet aucune objection qui ne puisse être victorieusement refutée.

Résumons maintenant en peu de mots les résultats considérables que produira une pareille association.

Le paupérisme, et toutes les plaies qui en découlent seront éteints.

Toutes les misères de l'humanité seront soulagées.

La mendicité disparaîtra.

Les mœurs se purifieront à mesure que l'aisance s'introduira dans les familles.

L'instruction se propagera sur une plus grande échelle.

Les populations se multiplieront avec plus de rapidité, car on saura que les familles nombreuses seront protégées et secourues.

La morale gagnera, car la vertu sera récompensée dans une large proportion. L'espérance d'un avenir tranquille et heureux brillera pour tous.

Les loteries, venant jeter, chaque année, plusieurs millions de lots de 500 francs de rentes, feront, chaque année, plusieurs millions d'heureux. Avant 30 ans, il ne se trouvera pas en France une famille dont l'un des membres n'aura gagné un lot. Ceux que le sort n'aura pas favorisés les premiers se nourriront d'un espoir de gain, qui ne sera pas trompé, car il se réalisera certainement dans un temps peu éloigné. Ainsi bercées par l'espérance, tranquilles sur leur sort présent et futur, les populations ne penseront plus aux révolutions parce qu'elles n'auront aucun intérêt à les faire, et qu'en les faisant, elles bouleverseraient un ordre de choses bien établi et qui leur est favorable. Quand le lion n'a plus faim, il dort ; quand le peuple romain était rassasié, il sommeillait. Ainsi donc le règne de l'Internationale et des sociétés secrètes sera détruit en France, et l'ère des révolutions sera définitivement fermée.

Nous ne prétendons pas qu'il n'y aura plus de mauvais citoyens, plus de révolutionnaires, plus de voleurs, plus d'assassins ; mais nous soutenons que le nombre en sera grandement diminué par suite de la progression morale qui s'accomplira.

Voilà mon projet. Je le soumets au législateur. Qu'il l'étudie, qu'il le modifie, et qu'il en fasse jaillir une loi sage.

Grands et riches, vous que la Providence a choisis pour être les bienfaiteurs et les protecteurs de l'humanité souffrante, douce et noble mission que vous devez remplir ;

Artistes, ouvriers, artisans, cultivateurs, vous qui gagnez par un travail honorable et sanctificateur, mais pénible parfois, votre pain quotidien et celui de vos femmes et de vos enfants ;

Vieillards et enfants, vous, dont la faiblesse réclame aide et protection ;

Parias de la nature et déshérités de la fortune, vous qui, en raison de vos infirmités et de votre misère, êtes obligés de recourir à la charité publique ;

Grands et petits, riches et pauvres, écoutez l'appel suprême qui vous est fait aujourd'hui au nom de votre propre intérêt.

Voulez-vous éteindre le paupérisme, ce cancer qui ronge la société, ce mauvais conseiller qui fait commettre bien des crimes?

Formez une association.

Versez un franc par mois, soit douze francs par an, dans une caisse commune; et cette somme, si minime, que chacun de vous dépense inutilement bien de fois dans le cours de 12 mois, grossissant d'une manière merveilleuse par l'association, deviendra des centaines de millions dès la première année, se transformera en milliards dès la troisième, et produira des milliards de revenus dans la trentième année. Avec un pareil trésor en caisse, vous serez tous riches.

Vous, grands et puissants, vous serez riches de bonnes œuvres, qui seront la conséquence du concours généreux que vous aurez prêté à cette noble entreprise! Vous, travailleurs, vous serez riches d'une fortune inépuisable à laquelle vous aurez contribué par votre travail et votre louable économie, et dont les revenus vous appartiendront par droit de propriété, le jour où la maladie et la vieillesse venant frapper à votre porte, paralyseront votre travail et éteindront les ressources qui en sont les conséquences!

Courage donc! tous à l'œuvre! et Dieu bénira nos efforts!

Bordeaux.— Imp. de F. DEGRÉTEAU.

www.ingramcontent.com/pod-product-compliance
Lightning Source LLC
Chambersburg PA
CBHW051209050726
47594CB00007B/3125